„ Mir wurde immer gesagt, ich solle meine Hände wölben, als ob sich ein Ei unter ihnen befände. Bei dieser wunderbaren Haltung kann man sicher sein, dass die Kraft direkt in die Fingerspitzen fließt. "

„ Wenn Du Dich ans Klavier setzt, sollte der Sitz immer so eingestellt sein, dass Du Dich wohl fühlst. "

“Wenn Du ein ausgeprägtes Staccato spielen möchtest, denke an eine schöne, sehr leichtfüßige, freche Katze.”

> „Beim Legato-Spiel geht es darum, immer mit den Tasten in Berührung zu bleiben – stell Dir vor, Du hättest Saugnäpfe wie die Füße eines Geckos an Deinen Fingern."

"Tonleitern sind für mich extrem wichtig. Ich spiele sie zu Beginn einer jeden Übeeinheit und fange stets langsam an!"

„Ich versetze mich in verschiedene Stimmungen hinein, um unterschiedliche Dynamiken spielen zu können …

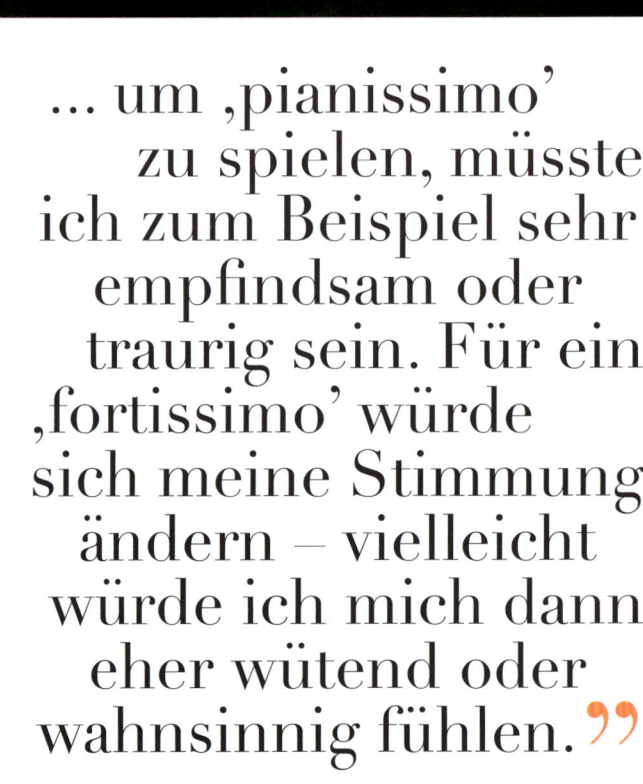

… um ‚pianissimo' zu spielen, müsste ich zum Beispiel sehr empfindsam oder traurig sein. Für ein ‚fortissimo' würde sich meine Stimmung ändern – vielleicht würde ich mich dann eher wütend oder wahnsinnig fühlen."

" **Manchmal** denke ich auch an Bilder oder Skulpturen, um die Stimmung und die Atmosphäre eines Stücks einzufangen. An welches Stück erinnern mich wohl diese beiden Bilder? "

„Du musst am Anfang mehr mit der linken Hand arbeiten, damit sie ebenso stark wird wie Deine rechte."

„Es ist so wichtig, bei neuen Stücken die Hände einzeln einzustudieren. Als Kind habe ich ein Stück niemals gleich mit beiden Händen gespielt."

Inhalt

Einleitung von Lang Lang		11
Lektion 1	Die Tastatur entdecken	12
	Übung: Räder schlagen	13
	Laternenlied (Trad. China)	14
	Canzonetta (Neefe)	15
Lektion 2	Den Grundpuls spüren	16
	Vorübung zum Hüpfspiel (Harris)	17
	Hüpfspiel (Harris)	18
	Mission impossible (Wedgwood)	19
Lektion 3	Legatospiel	20
	Harfen-Etüde (Köhler)	21
	Allegretto in F (Witthauer)	22
	Kleine Geschenke (Brackett)	23
Lektion 4	Staccatospiel	24
	Übung: Die freche Katze (Harris)	25
	Dämmerung (Harris)	26
	Kuckuck (Breslaur)	27
Lektion 5	Geläufigkeits-Training	28
	Jogging-Übung (Harris)	29
	Sich selbst hinterher rennen (Bullard)	30
	Menuett in C (Scarlatti)	31
Lektion 6	Akkorde spielen	32
	Übung in Terzen (Harris)	33
	Ode an die Freude (Beethoven)	34
	Allemande (Beethoven)	35
Lektion 7	Die linke Hand	36
	Etüde (Köhler)	37
	Der Elefant (Saint-Saëns)	38
	Wiegenlied (Brahms)	39
Lektion 8	Spielen mit Dynamik	40
	Eine Unterhaltung (Harris)	41
	Mo li hua (Trad. China)	42
	Embrukoi (Trad. Afrika)	44

Einleitung

Ich habe die Reihe *mastering the piano* in Zusammenarbeit mit *Faber Music* entwickelt, um Kinder und Jugendliche von heute für das Klavierspielen zu begeistern und sie zu inspirieren, stets mit Freude, Energie und Engagement zu spielen. Mit dieser Reihe möchte ich meine Leidenschaft für das Klavier, aber auch meine künstlerischen Werte und technischen Kenntnisse mit der nächsten Generation junger Pianisten teilen.

Es gibt kein Schnellverfahren, um ein guter Klavierspieler zu werden: Wer gut sein möchte, muss auch etwas dafür tun. Diese Ausgabe möchte jungen Klavierspielern Ratschläge, Hilfestellungen und vor allem das Verlangen vermitteln, dieses Ziel zu erreichen. In acht Lektionen erläutere ich zentrale klaviertechnische Fertigkeiten und gebe Ratschläge und Anregungen, um diese Herausforderungen zu meistern. Jede Lektion enthält technische Übungen, eine Etüde und zwei Spielstücke – hierfür habe ich beliebte Stücke europäischer Tradition, aber auch außergewöhnliche Arrangements meiner persönlichen Weltmusik-Highlights ausgewählt.

Diese Ausgabe ist keine Klavierschule und muss daher nicht von vorne bis hinten durchgearbeitet werden. Man kann sich einfach das herauspicken, was den individuellen Bedürfnissen entspricht, und die Lektionen in der dazu passenden Reihenfolge in Angriff nehmen.

Zusatzmaterialien befinden sich auf langlangpianoacademy.com. Diese Lernplattform wird vor allem Technik-affine junge Schüler begeistern.

Das Klavier öffnet mir eine eigene musikalische Welt – es bringt mich an einen Ort jenseits der Realität. Auch Du wirst erleben, wie sich Dein Bewusstsein erweitert und Mitgefühl, Kreativität und Kommunikation verstärkt werden. Du brauchst weder einen Konzertsaal noch einen großen Flügel: Jedes Klavier reicht aus, um Dir die Welt zu Füßen zu legen.

Lektion 1: Die Tastatur entdecken

Kommentar von Lang Lang

Das Klavier ist für mich eine eigene musikalische Welt – es bietet so viele Möglichkeiten. Du bist nun bereit für alle Töne – auch über den Oktavraum um das eingestrichene c hinaus. In dieser Lektion wird Deine Hand die bisherige Fünf-Finger-Position verlassen und sich immer weiträumiger auf der Tastatur bewegen.

Warm-up Dehnung der Hände

Play Station Zwei Spiele, um das Klavier zu entdecken

Spiel 1: Bockspringen

▶ Wähle ein kurzes (zweitaktiges) Motiv eines Stückes, das Du gut kannst.

▶ Spiele dieses Motiv in unterschiedlichen Oktaven, das Klavier rauf und runter.

Spiel 2: Blind raten

▶ Lege Deinen rechten Daumen auf das mittlere c, schließe Deine Augen und spiele dann mit dem fünften Finger einen anderen Ton – weit oder eng gegriffen.

▶ Kannst Du sagen, wie viele Töne sich zwischen diesen beiden befinden?

▶ Öffne Deine Augen, um festzustellen, ob Du richtig geraten hast.

▶ Versuche es nun mit der linken Hand, vom mittleren c abwärts.

Tipp von Lang Lang

Deine Handgelenke, Arme und Schultern müssen locker sein. Halte Deine Hände immer leicht gewölbt – diese wunderbare Haltung sorgt dafür, dass die Kraft direkt in die Fingerspitzen fließt.

Übung: Räder schlagen

Richard Harris

Hier bewegen sich Deine Hände sowohl nach oben und unten, als auch über Kreuz. Immer locker bleiben! Wenn Du willst, kannst Du es auch mit Pedal probieren.

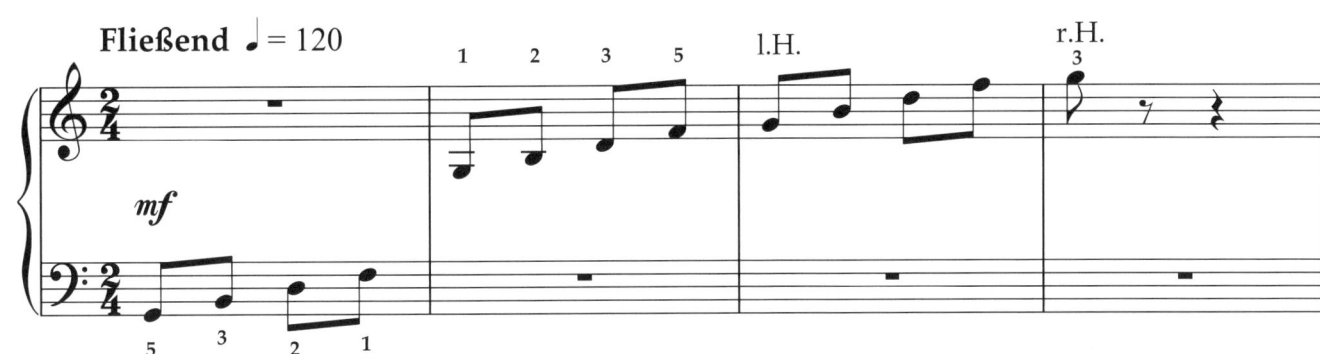

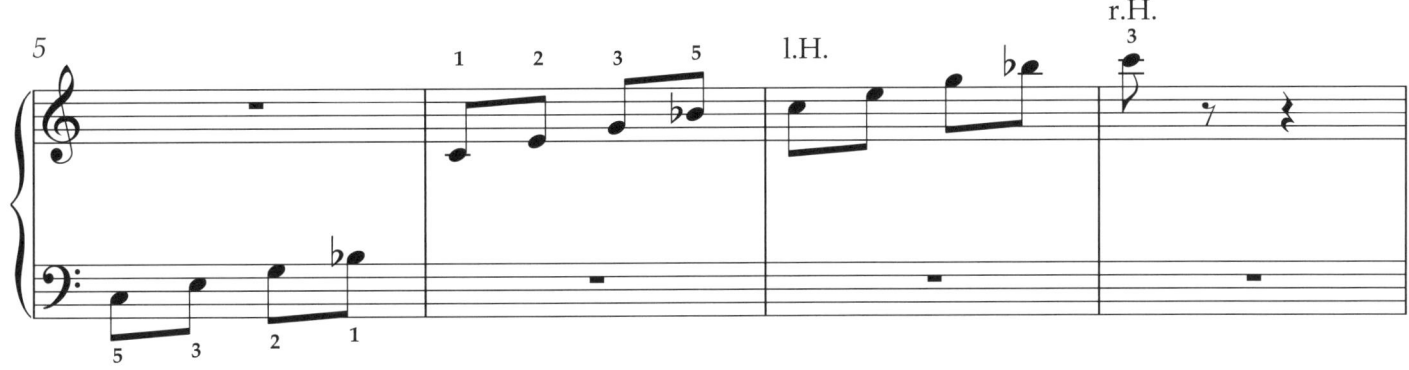

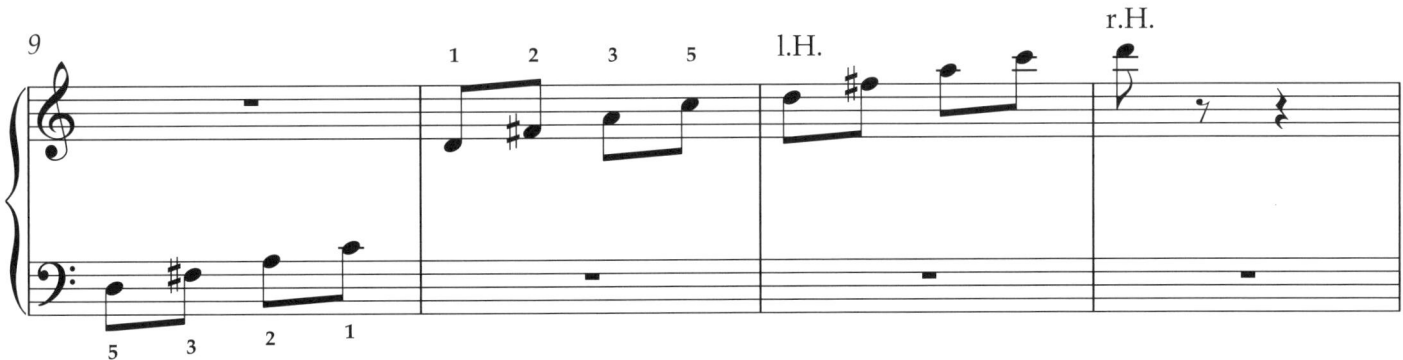

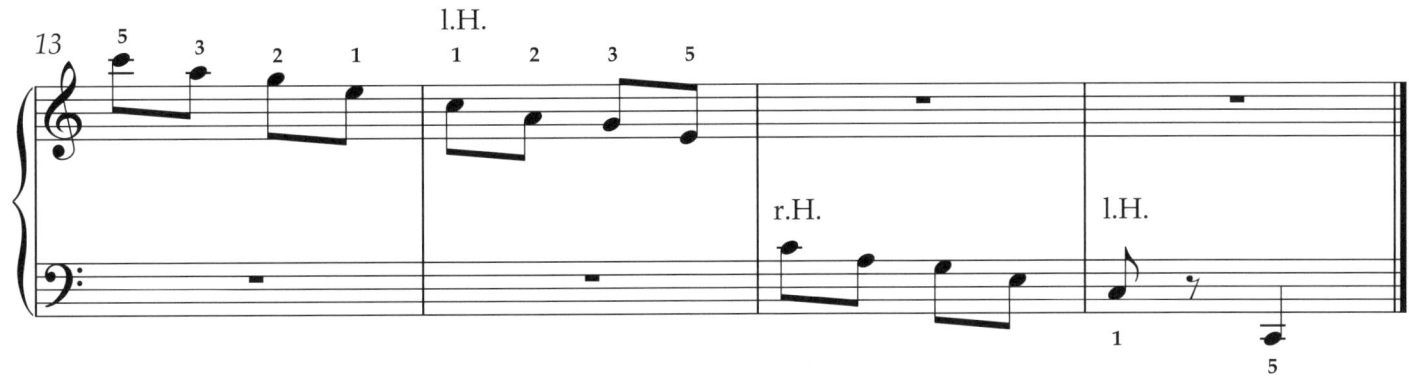

Laternenlied

Traditional aus China
Bearbeitet von Richard Harris

Dieses einfache und dennoch wunderschöne chinesische Lied aus der Provinz Yunnan geht über die gewohnte Fünf-Finger-Position hinaus. Spiele die Melodie auch mal eine Oktave höher, um einen anderen Klang zu erzielen.

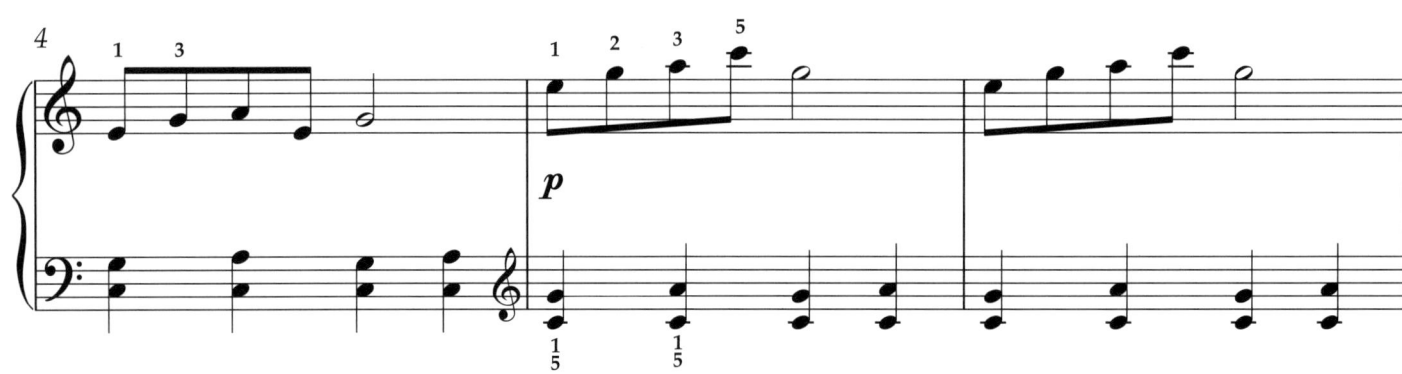

Canzonetta

Christian Neefe

Im Anfangstakt verlässt Deine Hand die gewohnte Fünf-Finger-Position. Gewöhne Dich an diese leichte Dehnung. Denk daran, beide Hände erst einzeln zu üben!

Den Grundpuls spüren

Kommentar von Lang Lang

Für einen Pianisten ist es unerlässlich, den Grundpuls eines Stückes zu spüren. Nur so kann ein Solovortrag wirkungsvoll und überzeugend sein. Ein ausgeprägtes Rhythmusgefühl ist auch für das zukünftige Begleiten anderer Musiker unerlässlich.

Warm-up 1 **Den Grundpuls spüren**

Zuerst spielen Du oder Dein Lehrer diesen kraftvollen Rhythmus mit der linken Hand:

- ▶ Klatsche oder klopfe dazu, spüre dabei den Grundpuls und beachte den jeweils stärkeren ersten Schlag jedes Taktes.
- ▶ Versuche, dazu einen eigenen Rhythmus zu klatschen oder zu klopfen.
- ▶ Erfinde mit den schwarzen Tasten eine passende Melodie für die rechte Hand. Sie sollte den gleichen starken Puls und klaren Rhythmus besitzen wie die linke Hand. Vergiss nicht, auch Pausen einzubauen!

Warm-up 2 **Punktierte Rhythmen**

In Zukunft werden Dir noch viele Stücke mit punktierten Rhythmen begegnen.
Zur Erinnerung: Ein Punkt verlängert eine Note um die Hälfte ihres Wertes.

Diese Lektion konzentriert sich auf den ♩. ♪ -Rhythmus. Beginnen wir damit, unsere Finger aufzuwärmen:

Vorübung zum Hüpfspiel

Richard Harris

Neben dem Aufwärmen der Finger hilft Dir diese Übung, die ♪♪♪♪ innerhalb des ♩♪ -Rhythmus zu spüren. Eine gute Vorbereitung auf das **Hüpfspiel**. Aber nichts überstürzen!

17

Hüpfspiel

Richard Harris

Halte Dich streng an den Rhythmus: Verliere nie das Gefühl für die Punktierungen.

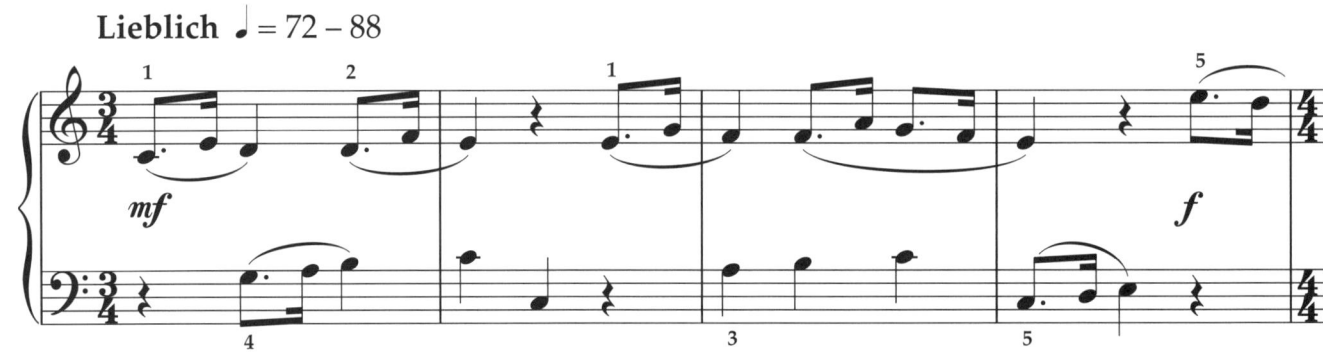
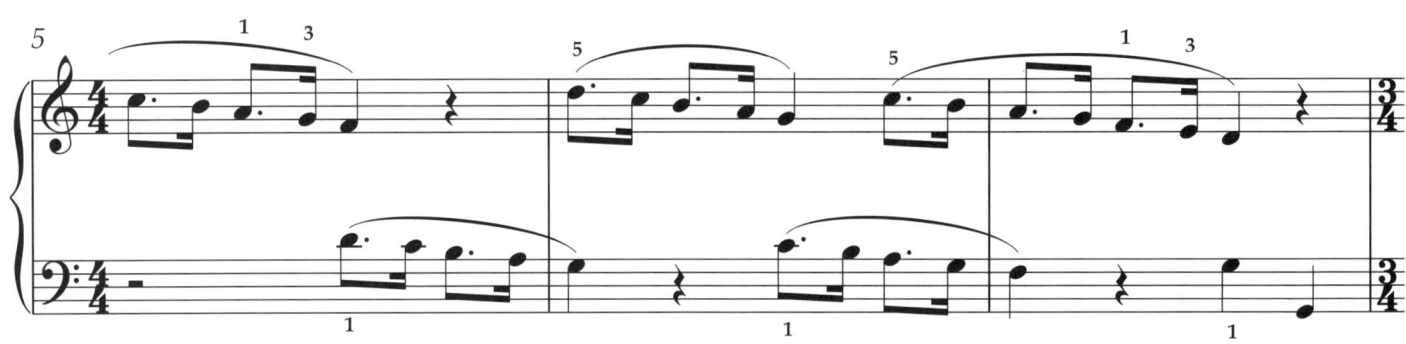
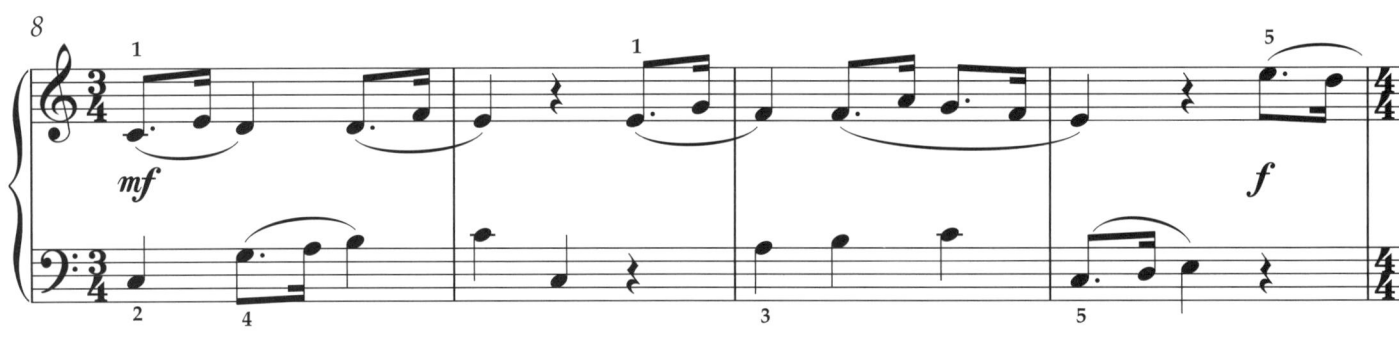
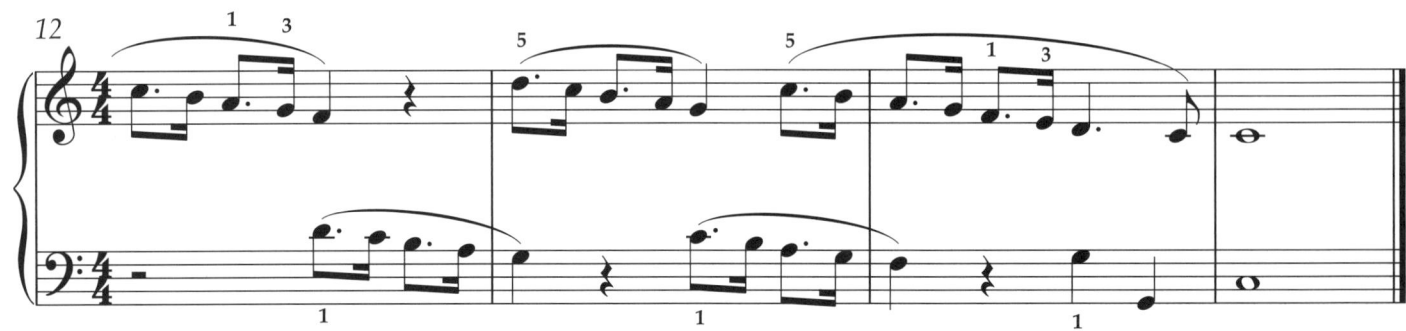

Mission impossible

Pam Wedgwood

Lass Dich vom treibenden Rhythmus und den Akzenten mitreißen und halte stets am Grundpuls fest. Und vergiss nicht den überraschenden Kontrast am Schluss.

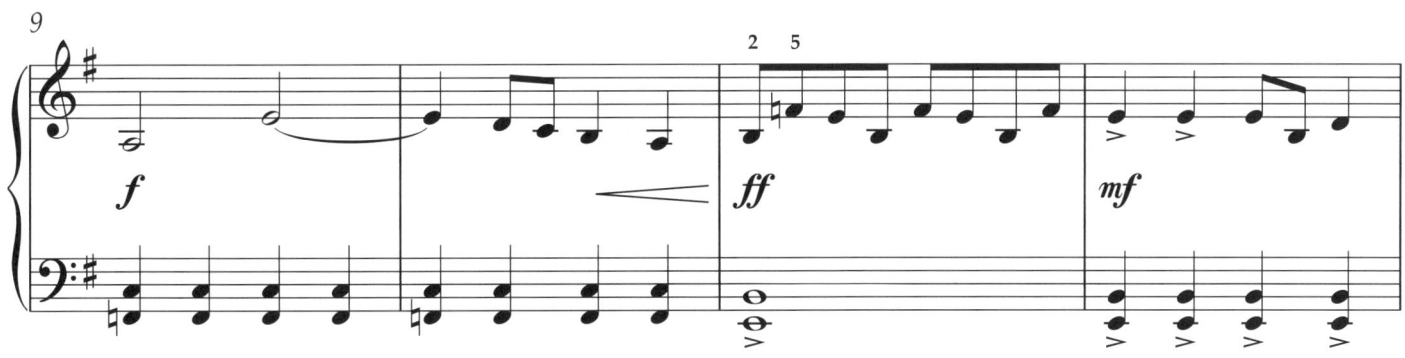

Aus: 'Up-Grade! Piano Grades 0-1'
© 1997 by Faber Music Ltd

Lektion 3 — Legatospiel

Kommentar von Lang Lang

Die Fähigkeit, legato zu spielen, ist ein wesentlicher Bestandteil pianistischen Könnens. Es bedeutet flüssiges Spielen ohne Lücken zwischen den Tönen und wird normalerweise durch Bögen gekennzeichnet, die Notengruppen oder ganze Phrasen umfassen. Deine Finger müssen dabei immer mit den Tasten in Berührung bleiben. Stell Dir vor, Du hättest Saugnäpfe wie die Füße eines Geckos an Deinen Fingern.

Warm-up 1 — Spielen und Singen

▶ Spiele die erste Note, c.

▶ Singe die drei Phrasen der rechten Hand hintereinander, jede auf einem Atemzug.

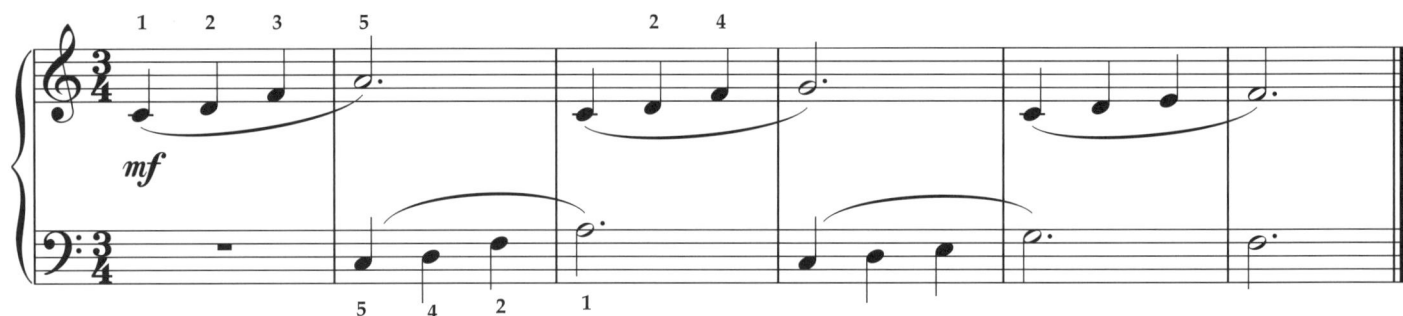

Warm-up 2 — Klebrige Finger

▶ Nun spiele die Übung auf dem Klavier, möglichst mit demselben weichen, singenden Klang (das ist die Bedeutung von *cantabile*).

▶ Stell Dir vor, Deine Finger ‚wandern', ihr Gewicht sanft von einer Taste zur nächsten verlagernd.

▶ Es dürfen keine Lücken zwischen den Tönen entstehen! Jeder Finger wird erst von der Taste gehoben, wenn die nächste angeschlagen ist – wie bei klebrigen Fingern.

▶ Kein Einhämmern! Lass Deine Finger auf den Tasten – schwer, aber nicht steif.

Tipp von Lang Lang

Ich spiele immer erst die Tonleiter des Stückes, bevor ich mit der eigentlichen musikalischen Arbeit beginne. Spiele zur Vorbereitung jeweils eine Legato-Tonleiter in der Tonart der beiden Stücke dieser Lektion (F-Dur und G-Dur).

Harfen-Etüde

Louis Köhler

Genieße die fließende Legato-Phrasierung. Die Töne müssen sanft und lückenlos von der linken in die rechte Hand fließen. Warum heißt das Stück wohl „Die Harfe"?

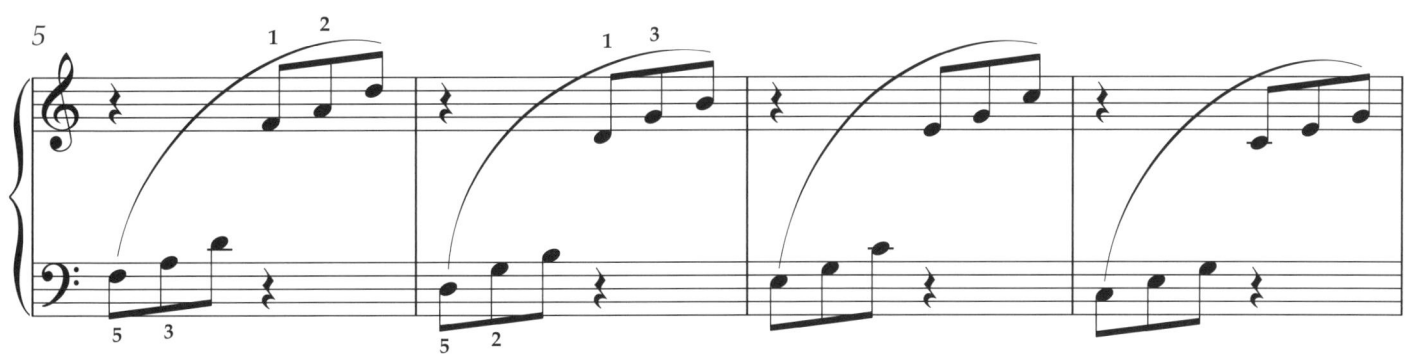

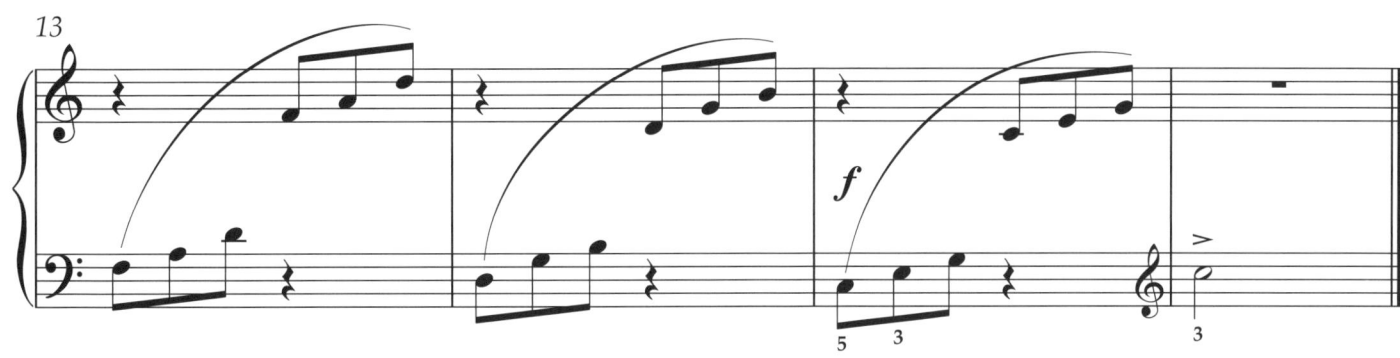

Allegretto in F

Johann Georg Witthauer

Bei diesen langen, gebundenen Phrasen kommt Dein Legatospiel voll zur Geltung. Vergiss nicht, zuerst eine F-Dur-Tonleiter legato zu spielen!

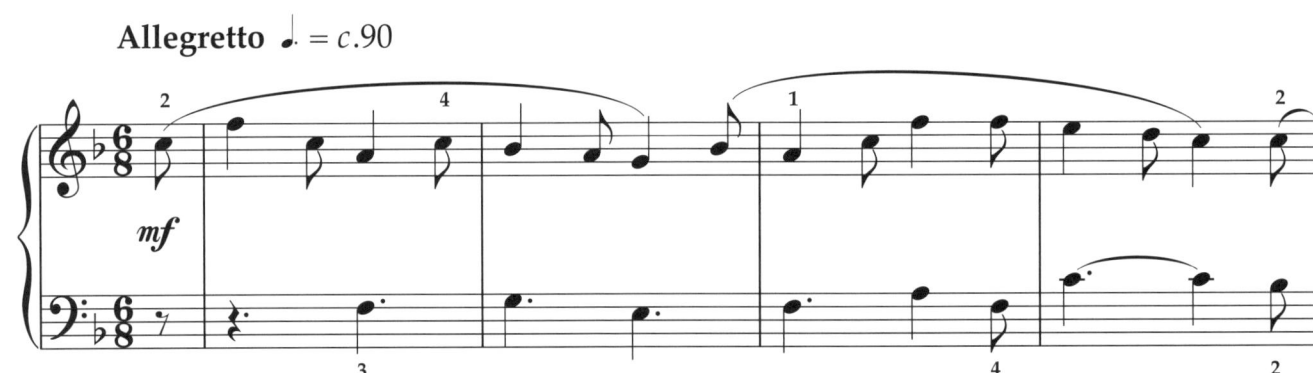

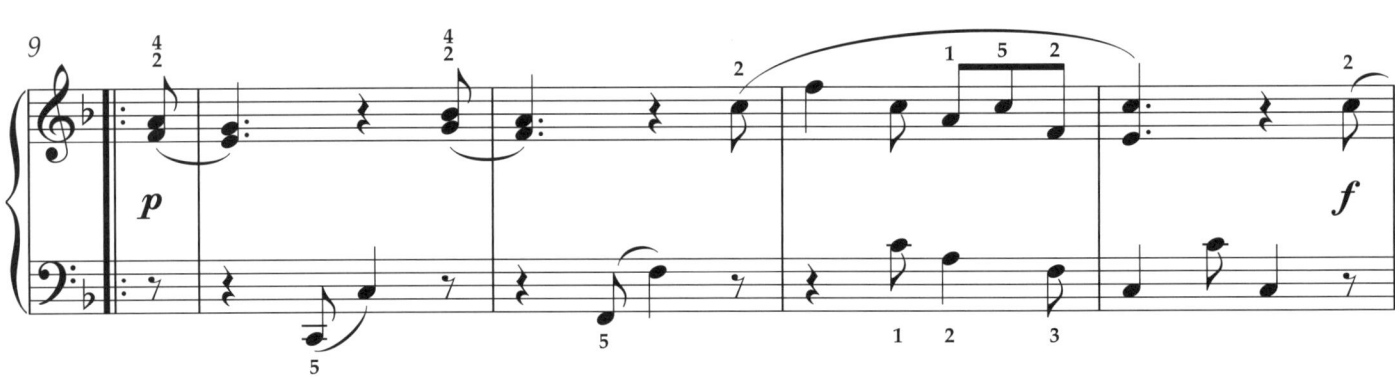

Kleine Geschenke

Joseph Brackett
Bearbeitet von Richard Harris

Stell Dir diese kleine Shaker-Melodie gesungen vor, bevor Du sie legato spielst. Die Tonwiederholungen sollten ebenfalls legato gespielt werden, nur minimal abgesetzt.

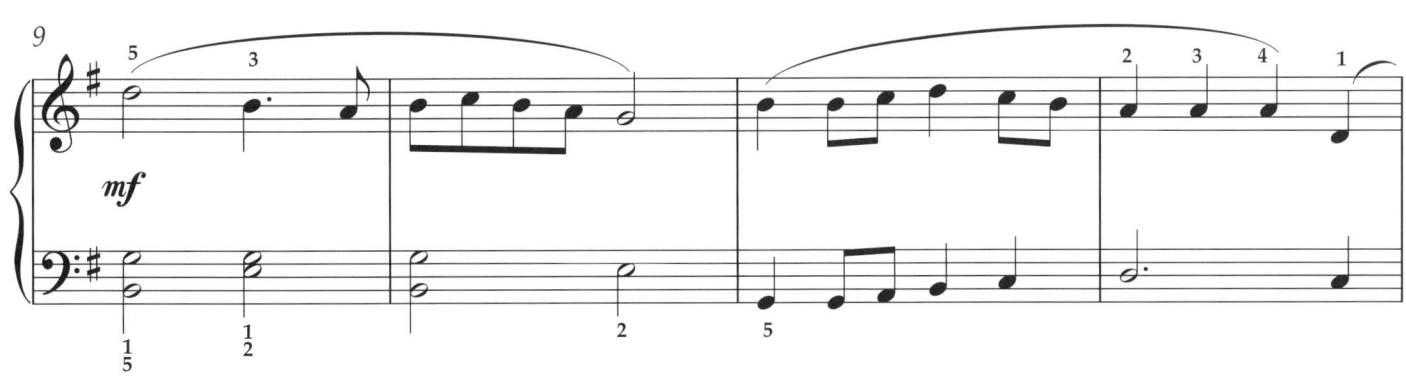

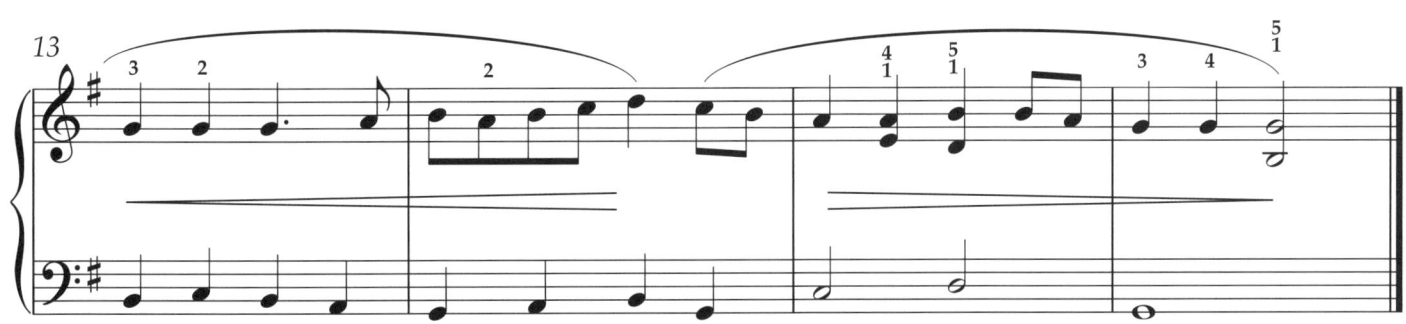

Lektion 4: Staccatospiel

Kommentar von Lang Lang

Staccato-Töne sind kurz und abgesetzt und werden durch einen Punkt über oder unter dem Notenkopf angezeigt. Versuche, beim Staccatospiel an eine schöne, sehr leichtfüßige, freche Katze zu denken!

Warm-up 1 — Flummi

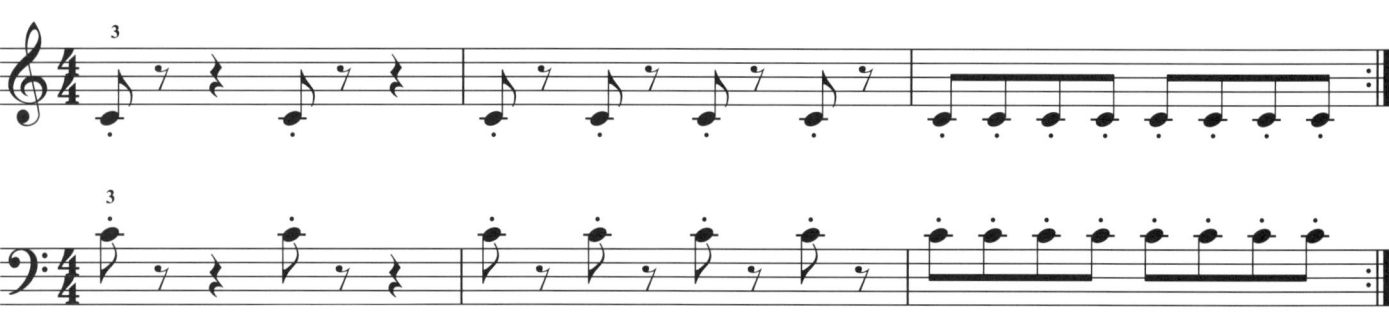

▶ Für ein kurzes, scharfes Staccato lasse Deine Hand springen wie ein Flummi.

▶ Versuche, selbst bei kürzeren Abständen Deine Hand weiter abfedern zu lassen.

Warm-up 2 — Werfen und fangen

Tipp von Lang Lang

Du brauchst ein lockeres Handgelenk, um staccato zu spielen. Halte Deine Schultern und Arme völlig locker, damit Deine Hand ganz natürlich abfedern kann.

Übung: Die freche Katze

Richard Harris

Nichts überstürzen! Nimm Dir Zeit, damit Deine Hände wirklich abfedern können.

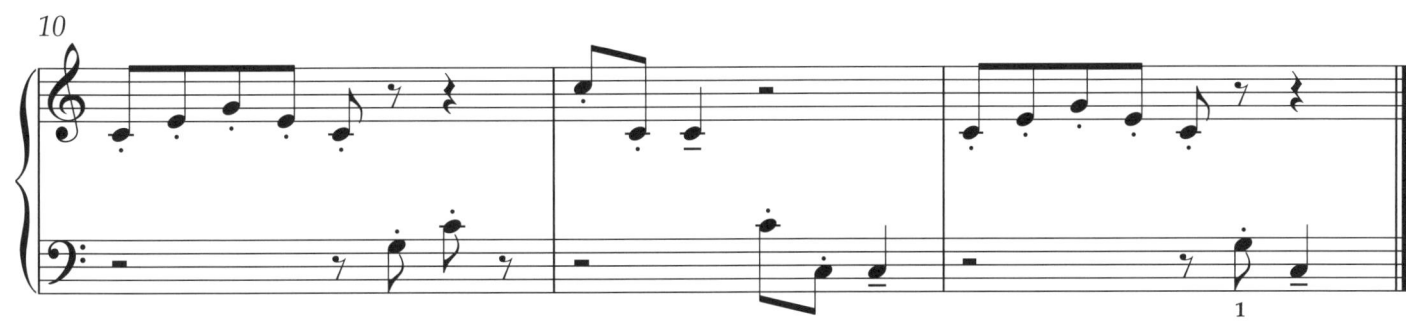

Dämmerung

Richard Harris

Hier wird das Pedal verwendet: Setze Dich, wenn nötig, ganz vorne auf den Hocker.
Da das Pedal den Klang verwischt, musst Du das Staccato besonders federnd und *pianissimo* spielen. Das Ergebnis ist ein geheimnisvoller, zwielichtiger Klang.

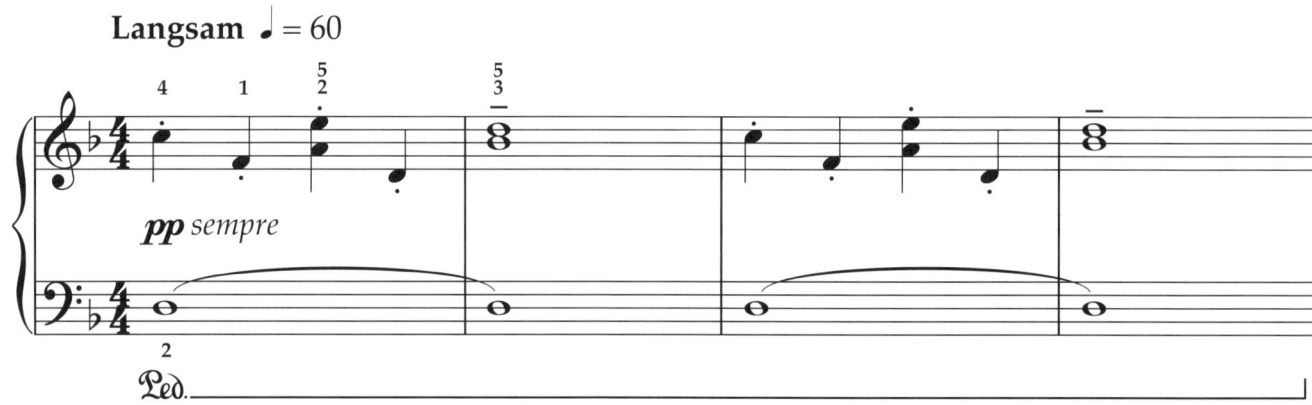

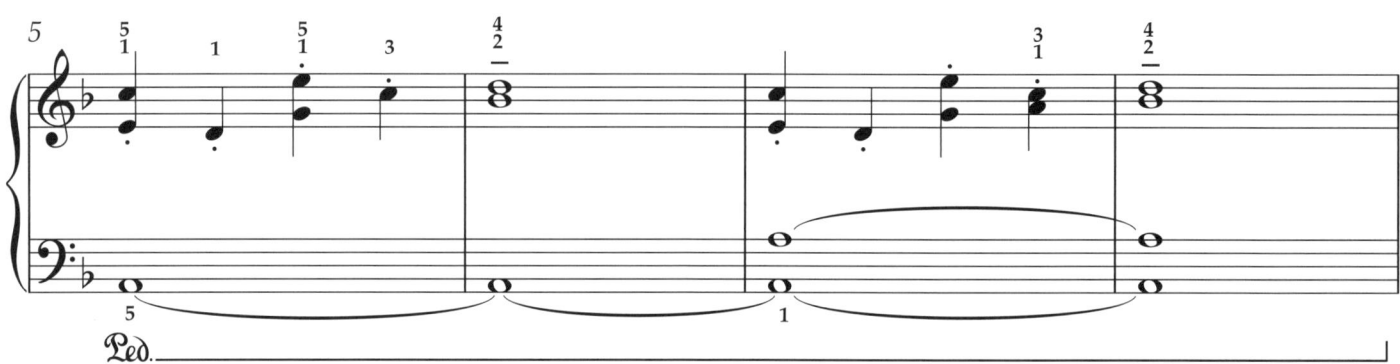

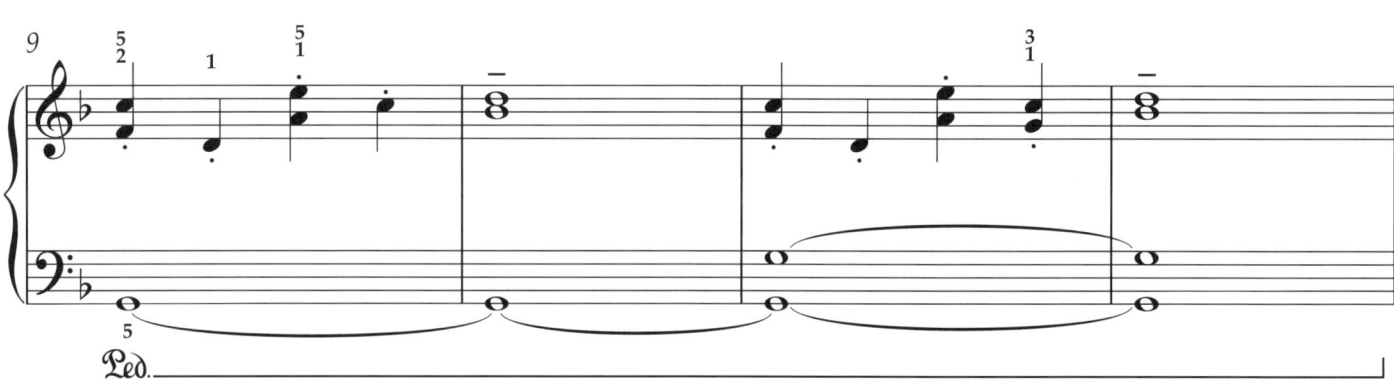

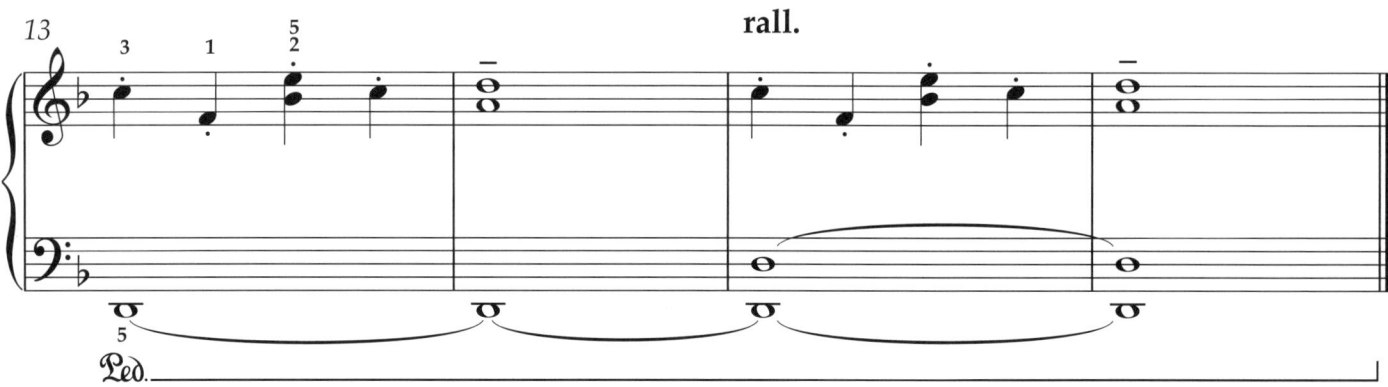

Aus: 'Fingerprints'
© 2002 by Faber Music Ltd.

Kuckuck

Emil Breslaur
Op. 46, Nr. 21

In diesem Stück werden Staccato und Legato kombiniert. Denk noch einmal über beide Techniken nach, damit der Kontrast klar wird.

Allegretto ♩ = 132

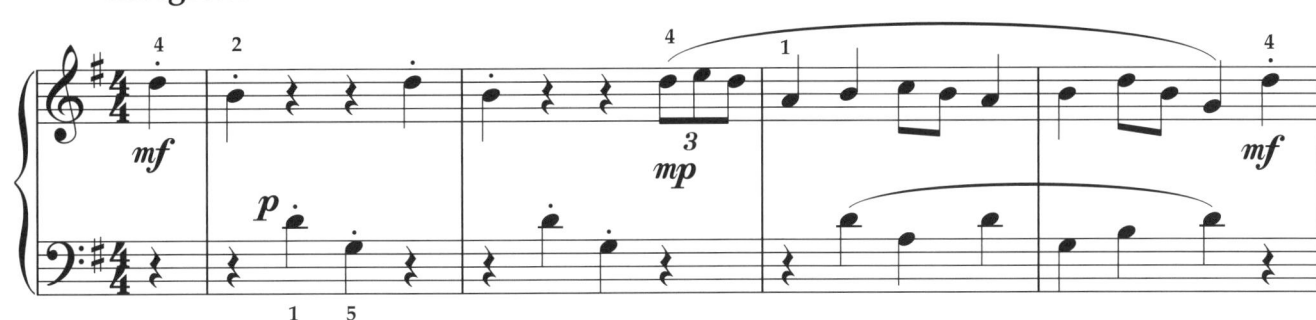

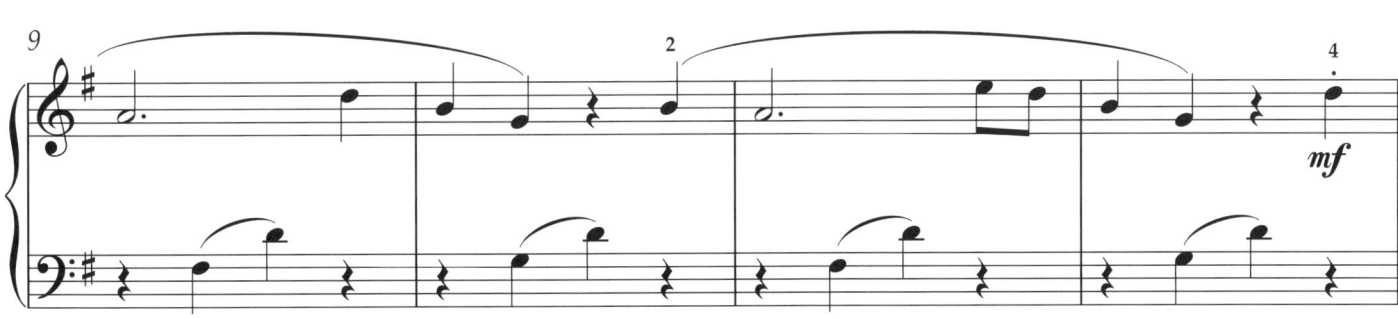

Geläufigkeits-Training

Lektion 5

Kommentar von Lang Lang

Geläufigkeit bedeutet, schnell, kontrolliert und mit Geschick zu spielen – eine äußerst wichtige Fähigkeit für alle angehenden Pianisten. Nimm Dir Zeit, die Finger aufzuwärmen und daran zu arbeiten, gleichmäßiger, schneller und sorgfältiger zu spielen! Voraussetzungen:

- ▶ Korrekte Haltung mit lockeren Armen, Handgelenken und Fingern.
- ▶ Immer erst langsam anfangen und dann kontinuierlich schneller werden.
- ▶ Regelmäßiges Spielen von Tonleitern (alle für diese Ausgabe relevanten Tonleitern sind als Download erhältlich unter: langlangpianoacademy.com).
- ▶ Die Fähigkeit, legato und staccato zu spielen.
- ▶ Gute Fingersätze (passend für Deine Hände).

Warm-up Fingerjogging

- ▶ Spiele gleichmäßig, hebe dabei die Finger möglichst hoch und platziere sie präzise, damit jede Note klar hörbar wird.
- ▶ Steigere bei jeder Wiederholung nach und nach das Tempo – ein Metronom wird Dir dabei helfen. Beginne mit ♩ = 60.

(Hanon)

Mit kräftigen Fingern

Jogging-Übung

Richard Harris

Ideal für die Arbeit am Tonleiter-Fingersatz und zum Aufwärmen der Hände. Übe zuerst beide Hände einzeln und achte auf ein wirklich gleichmäßiges Spiel.

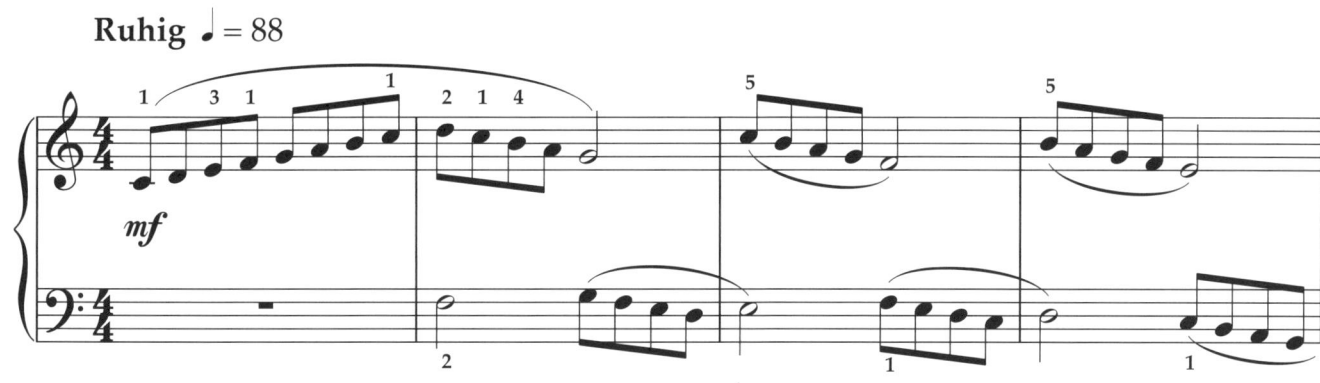
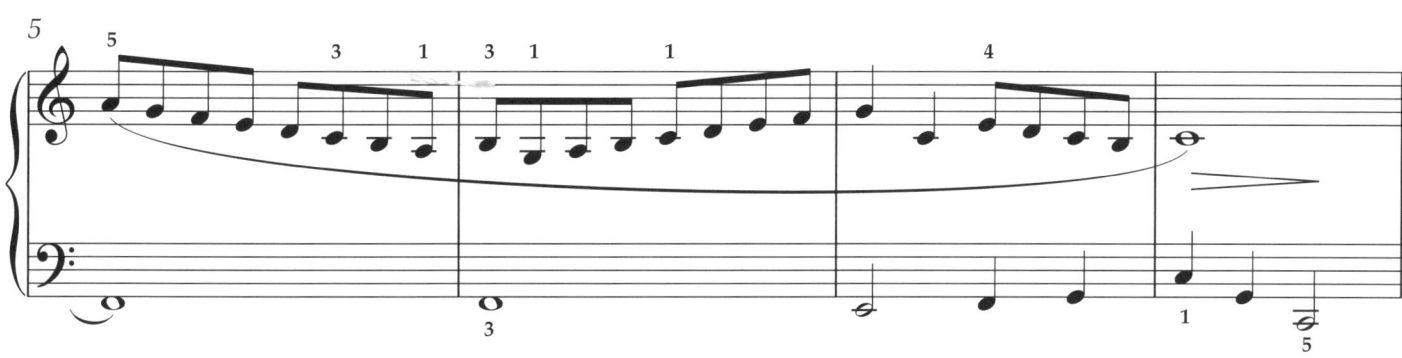
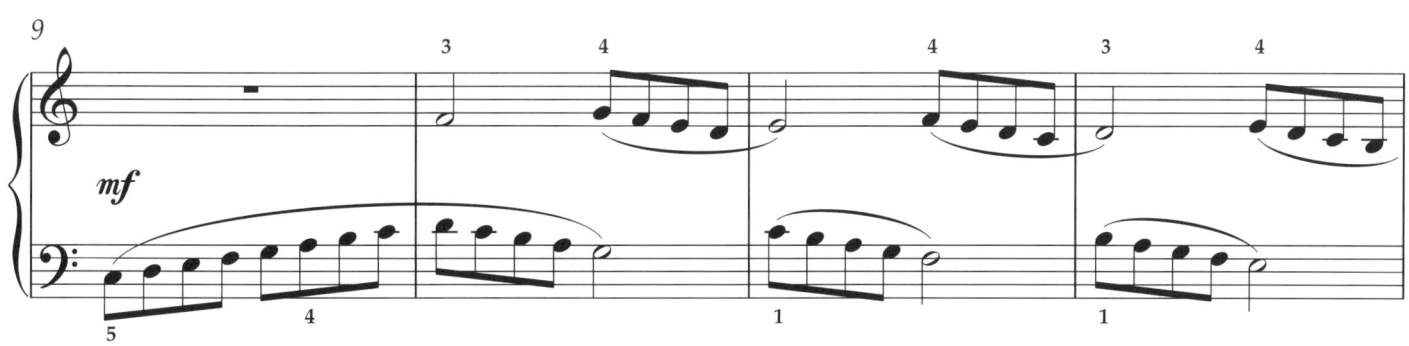

Sich selbst hinterher rennen

Alan Bullard

Wenn Du an der vorigen Übung gut gearbeitet hast, werden Dir diese Tonleiter-Läufe ganz leicht vorkommen. Setze den Daumen ganz sanft auf und lass keine Töne ‚knallen'.

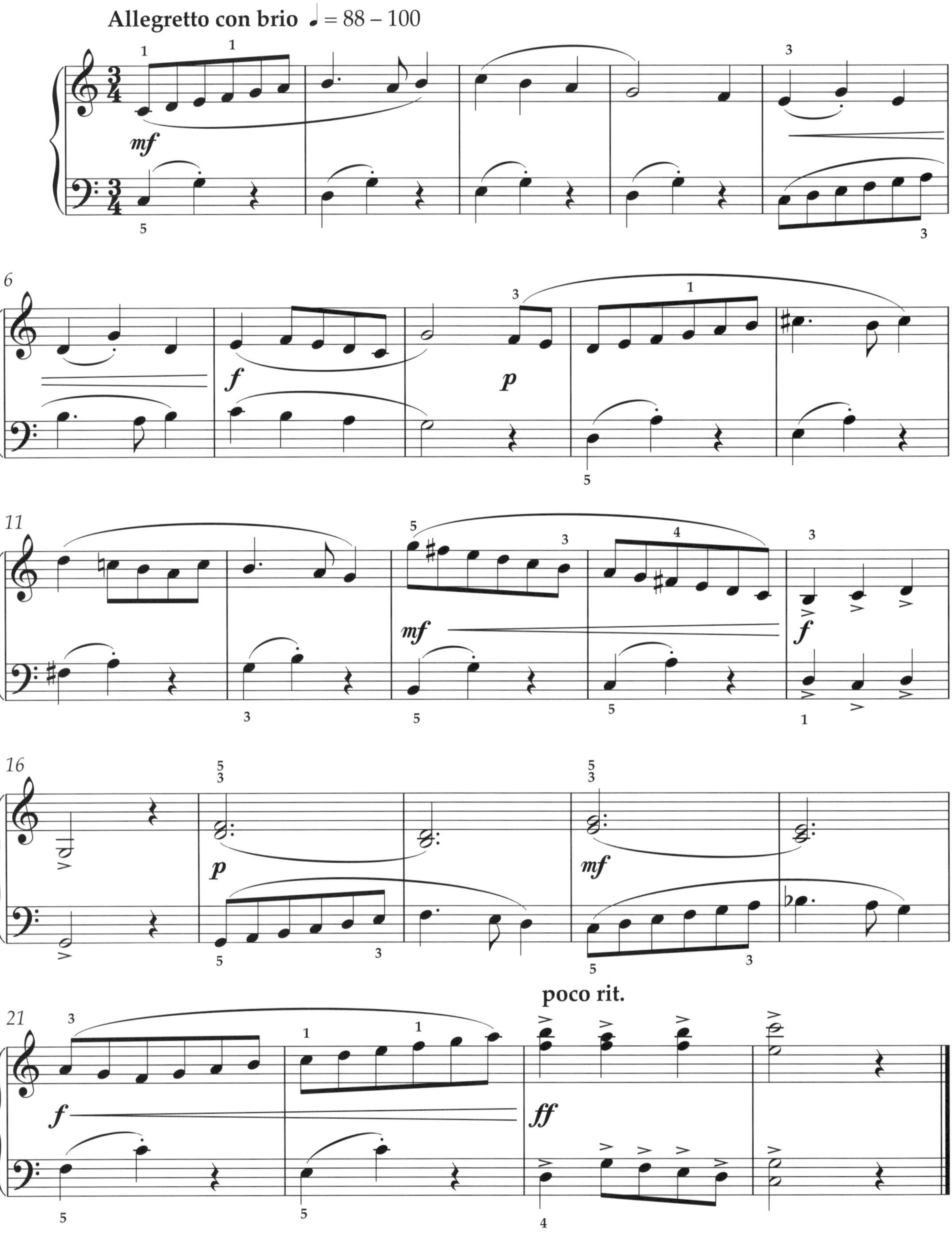

Menuett in C

Domenico Scarlatti

Dieses Stück sollte unbedingt ganz sanft dahinfließen. Spiele es nicht zu schnell, sonst werden die Töne ungleichmäßig. Halte Dich genau an den Fingersatz.

Fließend ♪ = 120

Lektion 6 — Akkorde spielen

Kommentar von Lang Lang

Werden mehrere Töne gleichzeitig gespielt, nennt man das einen Akkord. Du hast sicher schon einige Akkorde in Deinen Stücken gespielt. Diese Lektion enthält Übungen und Stücke mit vielen Akkorden zur Stärkung Deiner Finger.

▶ Höre gut zu! Achte beim Spielen von Akkorden auf dem Klavier immer darauf (indem Du genau hinhörst), die Töne genau gleichzeitig anzuschlagen.

▶ Handhaltung! Eine gute Handhaltung mit runden Fingern und lockeren Handgelenken und Händen ist unerlässlich, um geschmeidig und flink von einem zum anderen Akkord wechseln zu können.

▶ Präge Dir den Fingersatz von **Warm-up 1** ein: ein nützliches Schema, das man beherrschen sollte. Es wird in dieser Lektion nochmals auftauchen.

Warm-up 1 Akkorde in Terzen

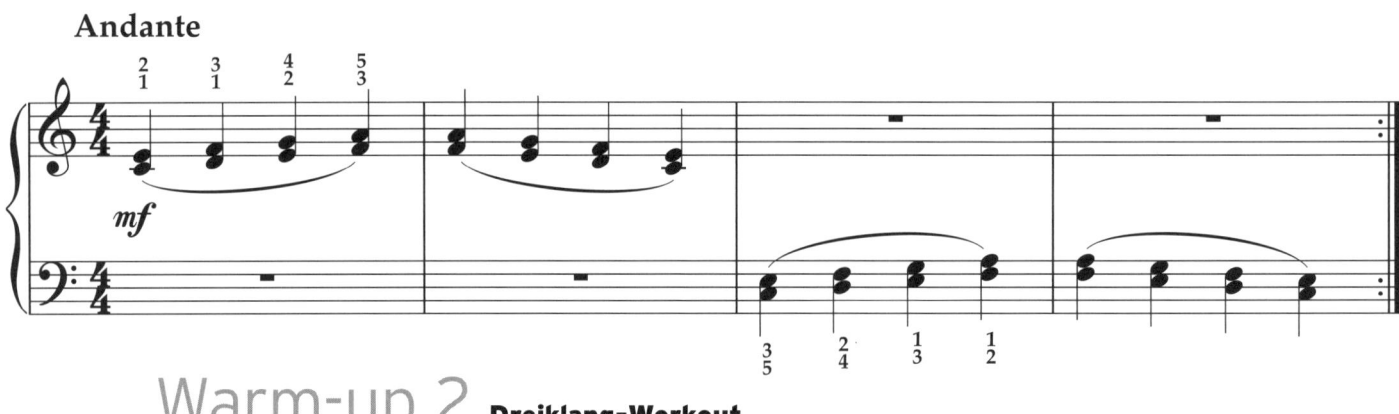

Warm-up 2 Dreiklang-Workout

Die dreitönigen Akkorde in der nächsten Übung nennt man Dreiklänge.

Wenn Du genau hinhörst, gibt es am Ende des Stücks eine Überraschung ...

Drücke die Taste vorsichtig und LAUTLOS!

Übung in Terzen

Lektion 6

Richard Harris

Halte Dich genau an den Fingersatz – diese Muster werden Dir noch oft begegnen, wenn Du in Terzen spielst. Höre genau hin – passen die Töne zueinander?

Anmerkung zu den Stücken

Die folgenden Stücke stammen von dem berühmten Komponisten Ludwig van Beethoven (1770-1827). Er war ein äußerst virtuoser Pianist und schrieb zahlreiche bekannte Klavierwerke. Während seiner letzten Lebensjahre verlor er immer mehr sein Gehör und musste seine Konzerttätigkeit schließlich aufgeben.

33

Ode an die Freude

Ludwig van Beethoven
Bearbeitet von Richard Harris

Vielleicht kennst Du diese berühmte Melodie aus Beethovens *Neunter Sinfonie*.
Sie wird im Finale von vier Solisten und Chor mit Orchesterbegleitung gesungen.

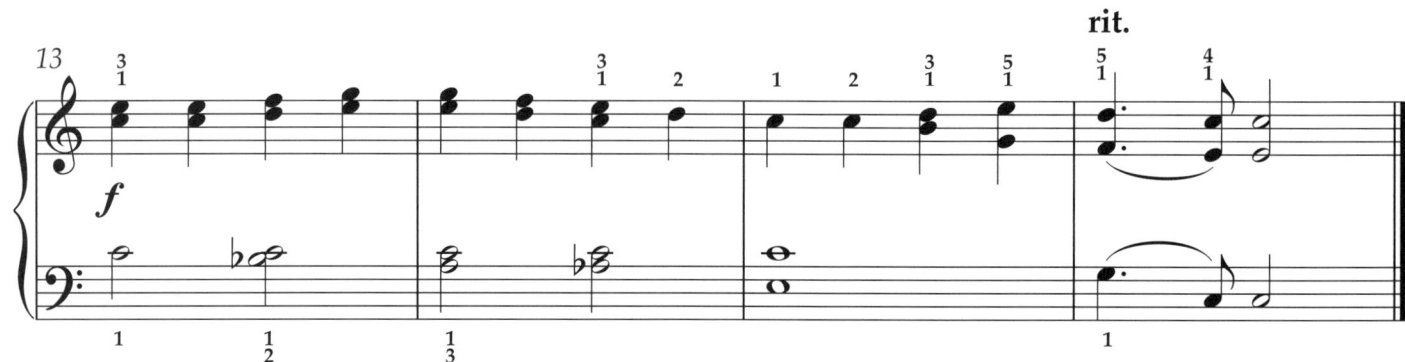

Allemande

Ludwig van Beethoven

Spiele zuerst nur die linke Hand, bevor Du es mit beiden versuchst. Achte darauf, die linke Hand zurückzunehmen, damit die Melodie in der rechten schön zu hören ist.

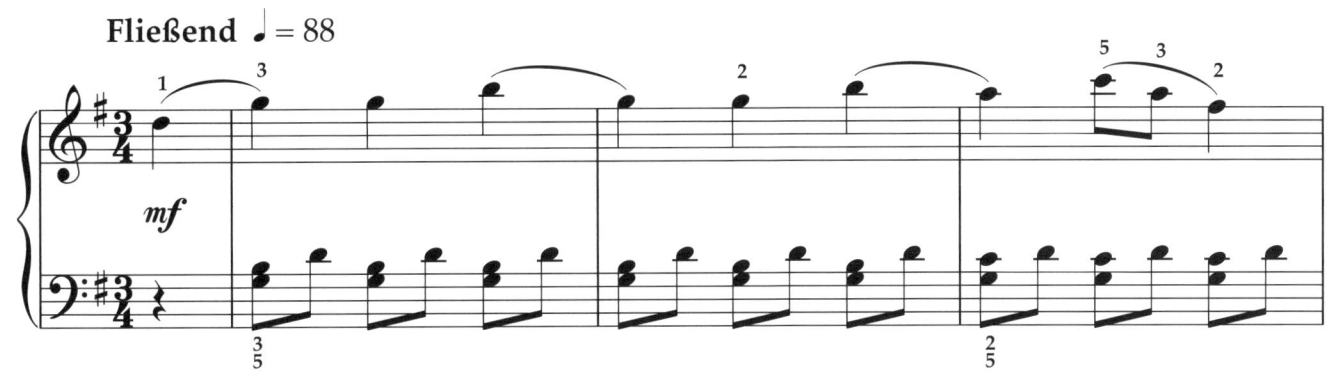

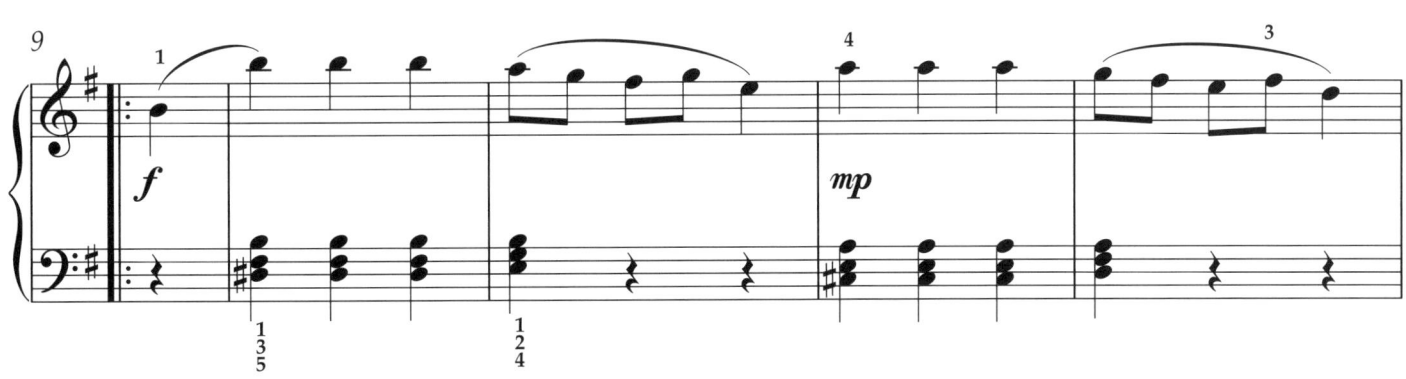

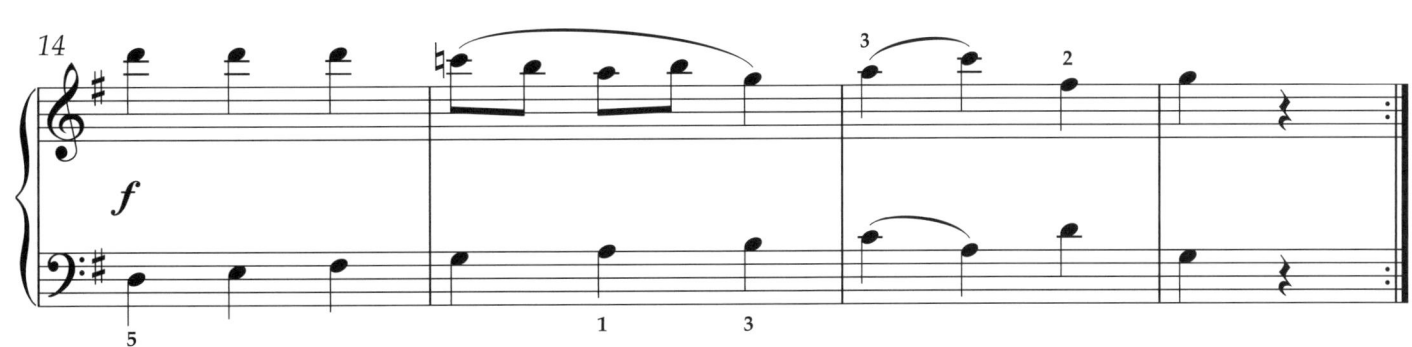

Die linke Hand

Lektion 7

Kommentar von Lang Lang

Meistens wird die linke Hand als die schwächere empfunden. Um Fortschritte zu machen, musst Du die Kraft und Geläufigkeit der linken Hand trainieren. Also konzentrieren wir uns jetzt ganz auf sie und verpassen ihr ein gründliches Workout!

Warm-up Workout für die linke Hand

- ▶ Achte vor Spielbeginn auf die Haltung der linken Hand: die Finger leicht gewölbt, Handgelenk und Arm locker. Auch Deine Schultern sollten entspannt und gerade sein.
- ▶ Spiele diese Übung in einem kraftvollen **mf**. Lascher Anschlag verboten!
- ▶ Spiele den ersten Durchgang legato, die Wiederholung staccato.
- ▶ Spiele erst langsam und erhöhe die Geschwindigkeit von Tag zu Tag. Bleibe dabei immer rhythmisch und im Metrum.

Theorie-Check

Wie gut kannst Du den Bassschlüssel lesen? Schreibe die Notennamen unter jeden Ton:

Etüde

Louis Köhler
Op. 249, Nr. 84

Das ist ein echtes Workout für Deine linke Hand! Achte auf lockere Hände, Arme und Schultern und auf eine schöne Handhaltung mit gewölbten Fingern.

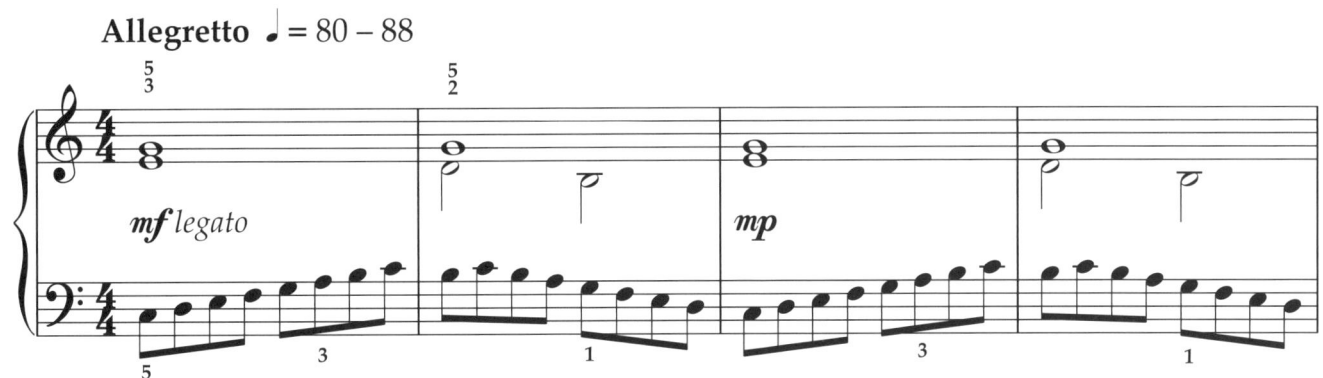

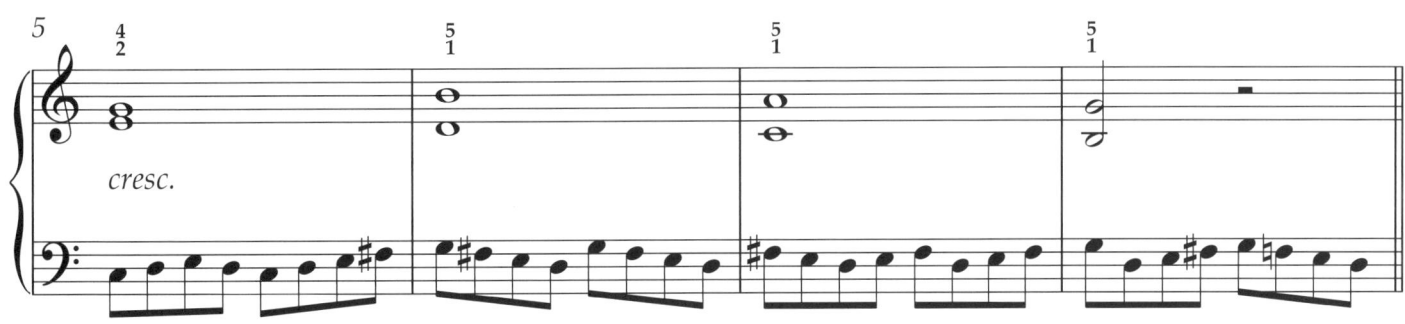

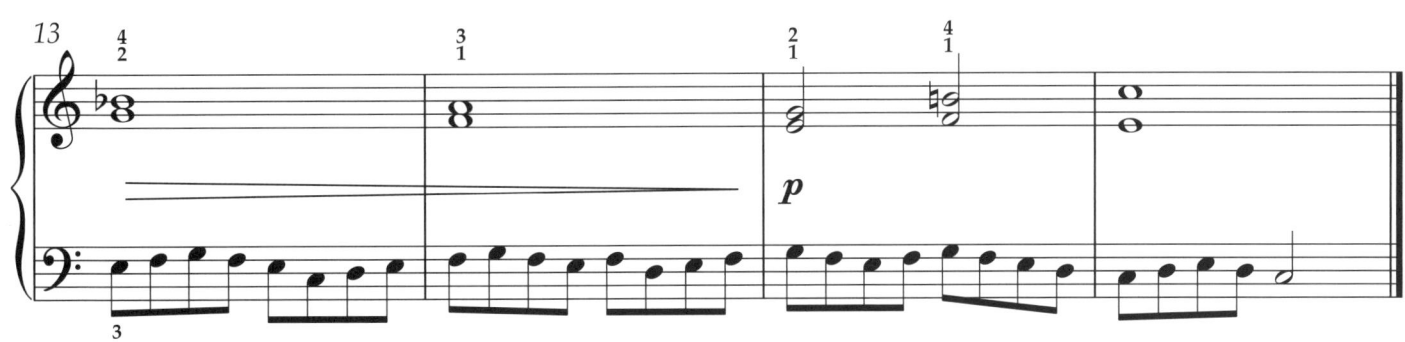

Der Elefant
aus dem *Karneval der Tiere*

Camille Saint-Saëns
Bearbeitet von Richard Harris

Der *Karneval der Tiere* ist eine Suite mit 14 Sätzen, die jeweils ein Tier darstellen. Dieser Satz wurde für Kontrabass (das tiefste Streichinstrument im Orchester) und Klavier komponiert. Deine linke Hand hat die Melodie, also lass sie singen!

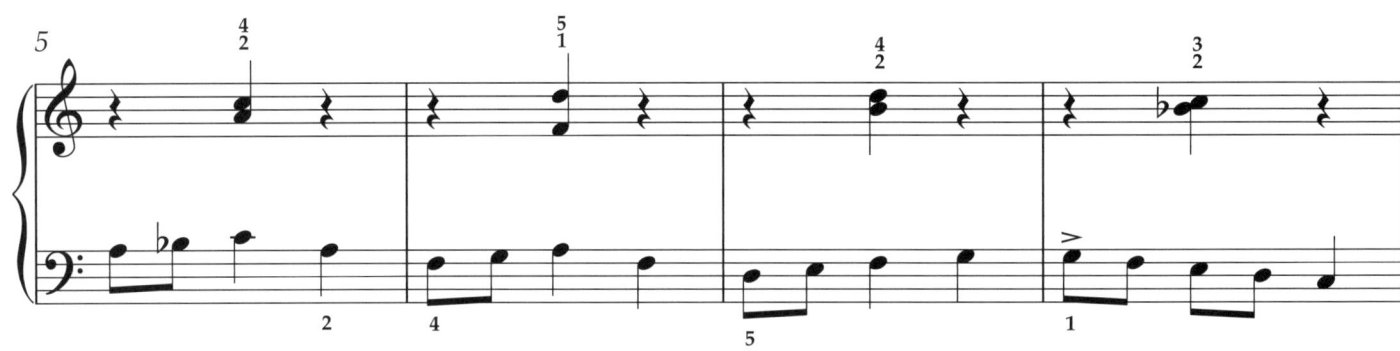
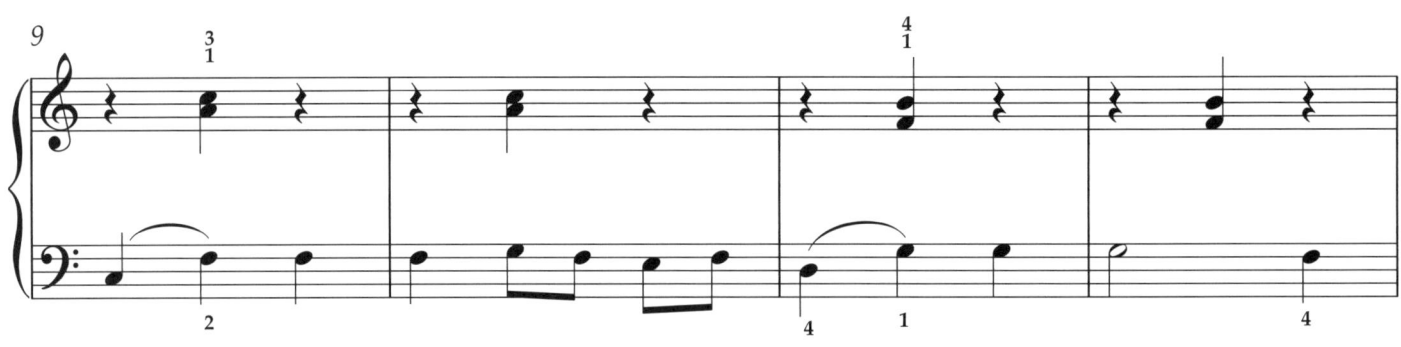
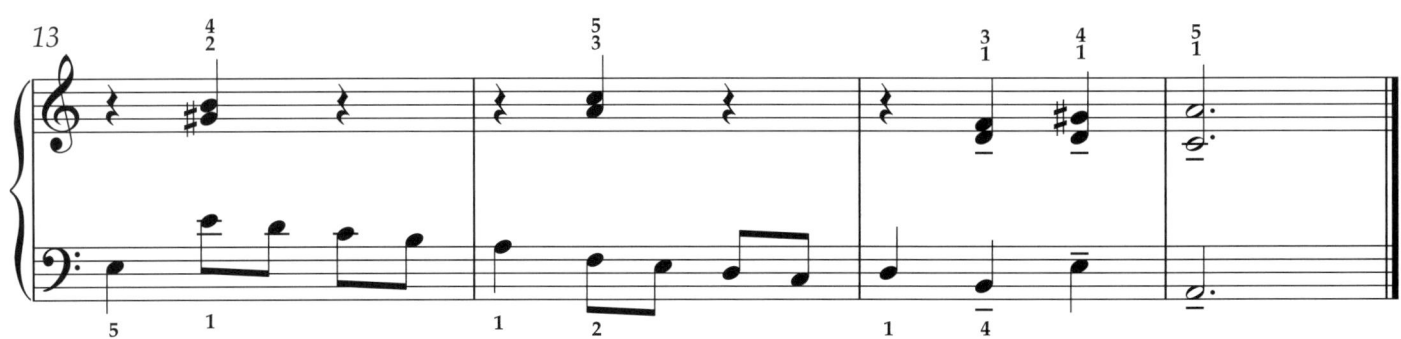

Wiegenlied

Johannes Brahms
Bearbeitet von Peter Gritton

Bei diesem Lied sollten die Akkorde der rechten Hand leiser sein als die Melodie der linken.
Espressivo bedeutet ‚ausdrucksvoll' – spiele sanft, aber mit Gefühl.

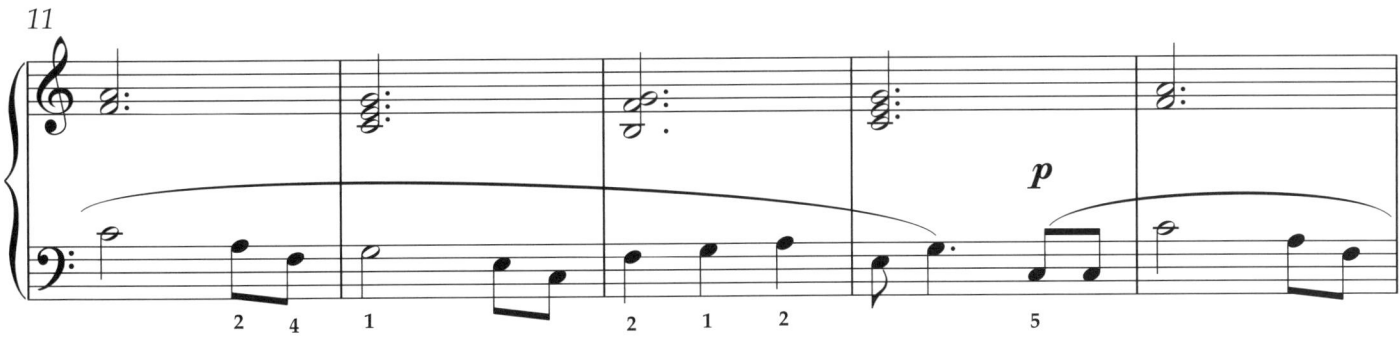

Aus: 'Simply Classics Grades 0-1'
© 2002 by Faber Music Ltd.

Lektion 8
Spielen mit Dynamik

Kommentar von Lang Lang

Dynamische Zeichen sind musikalische ‚Lautstärkeregler', die angeben, wie laut oder leise man zu spielen hat. Sie werden durch die Anfangsbuchstaben italienischer Begriffe angezeigt. Ich versetze mich beim Spielen unterschiedlicher Dynamik gerne in verschiedene Stimmungen. Ein *pianissimo* könnte für mich Empfindsamkeit oder Trauer, ein *fortissimo* Wut oder Wahnsinn bedeuten.

Warm-up Tür auf, Tür zu

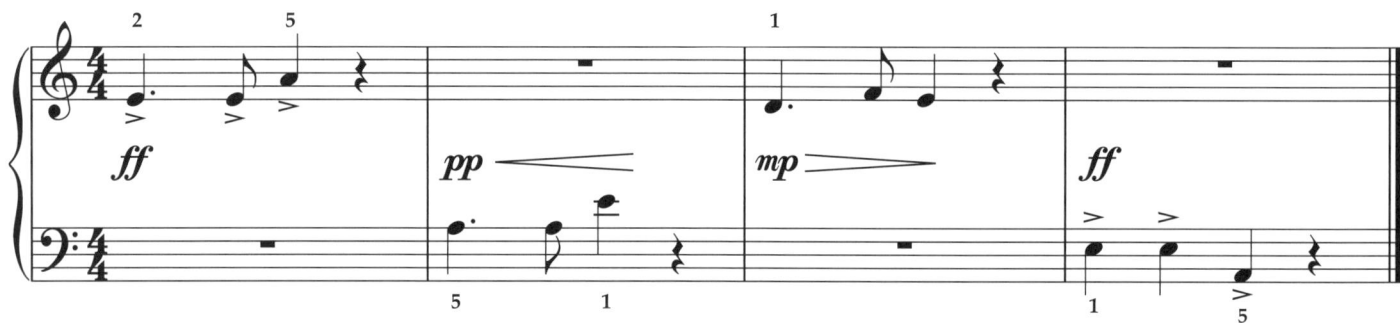

- Nutze das Gewicht Deines Unterarms für die *forte*-Takte.
- Die *piano*-Takte dürfen nicht verkrampft gespielt werden.
- Wenn Du *piano* spielst, musst Du die Tasten langsamer anschlagen, das Spieltempo darf sich dabei aber nicht ändern!

Tipp von Lang Lang

Wenn Du die dynamischen Zeichen mit verschiedenen Farben (rot, grün, blau, etc.) einkreist, kannst Du sie besser erkennen. Suche für jede Dynamik die passende Farbe aus.

Wie gut kennst Du die dynamischen Zeichen? Trage die Bedeutung ein:

pp ....
p ....
mp ....
mf ....
f ....
ff ....

Eine Unterhaltung

Richard Harris

Beachte alle dynamischen Zeichen und bemühe Dich, sie stark zu übertreiben.

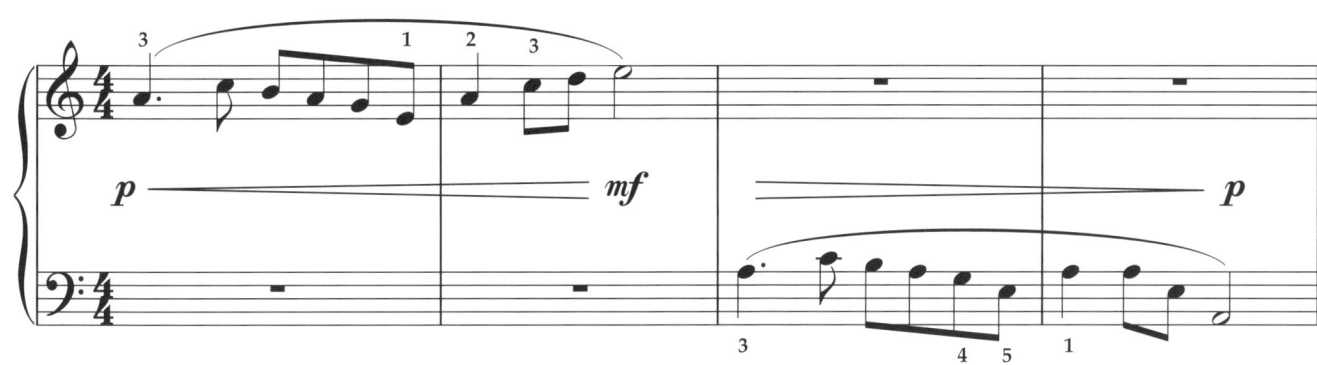

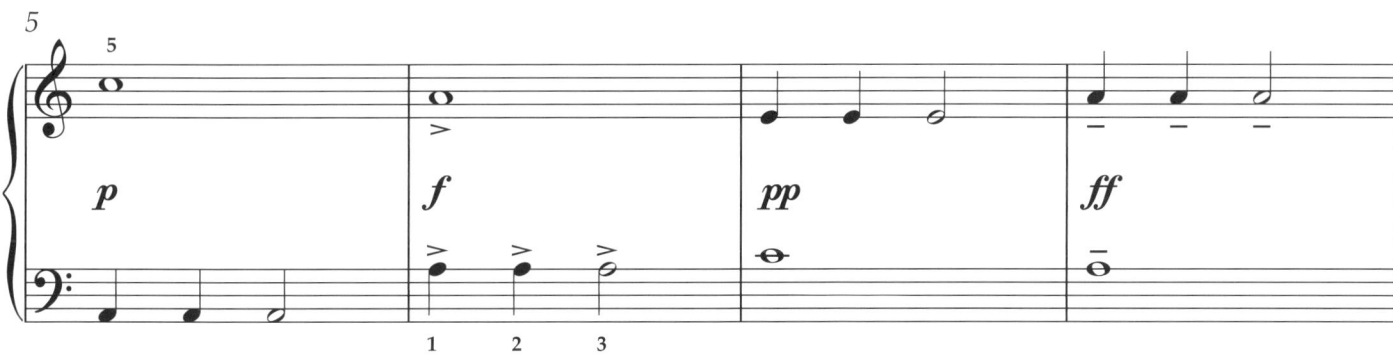

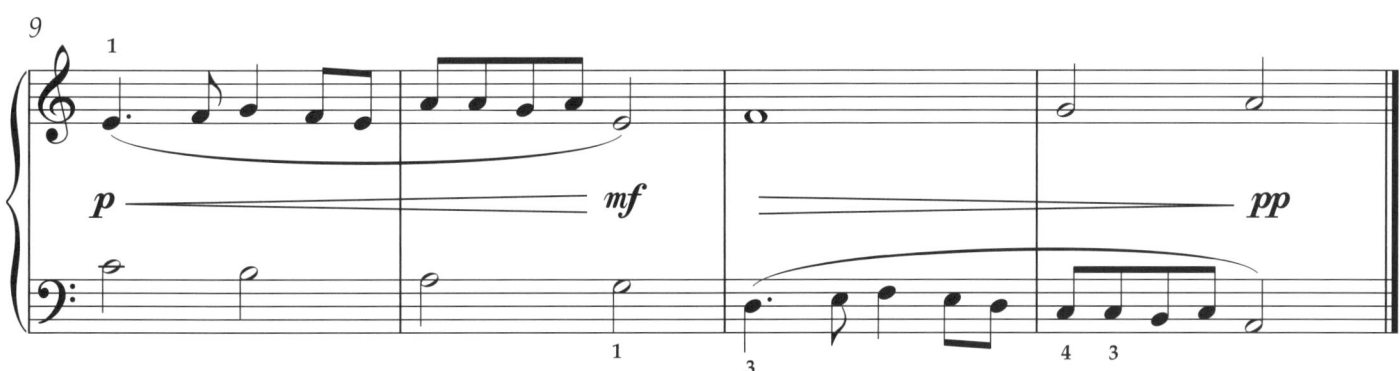

Mo li hua (Jasminblume)

Traditionelles chinesisches Lied
Bearbeitet von Alan Bullard

Dieses bezaubernde Stück enthält jede Menge Dynamik, Spielanweisungen und Fachbegriffe. Finde alle Bedeutungen heraus und achte auf die unterschiedliche Dynamik der linken und rechten Hand.

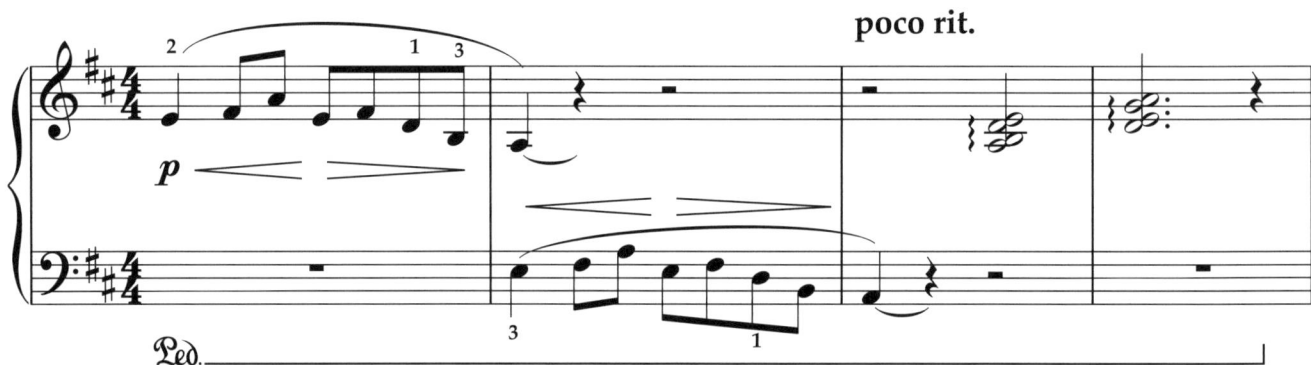

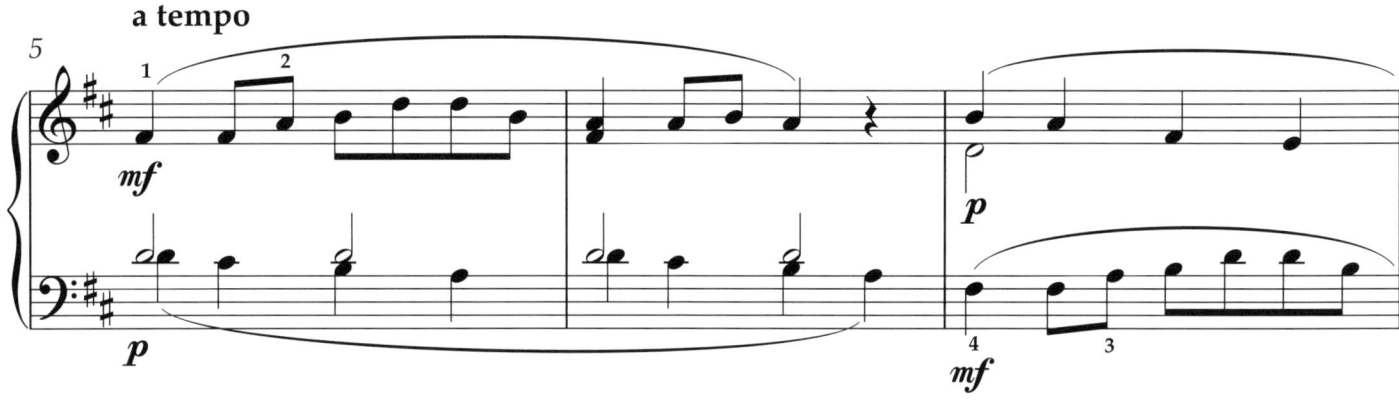

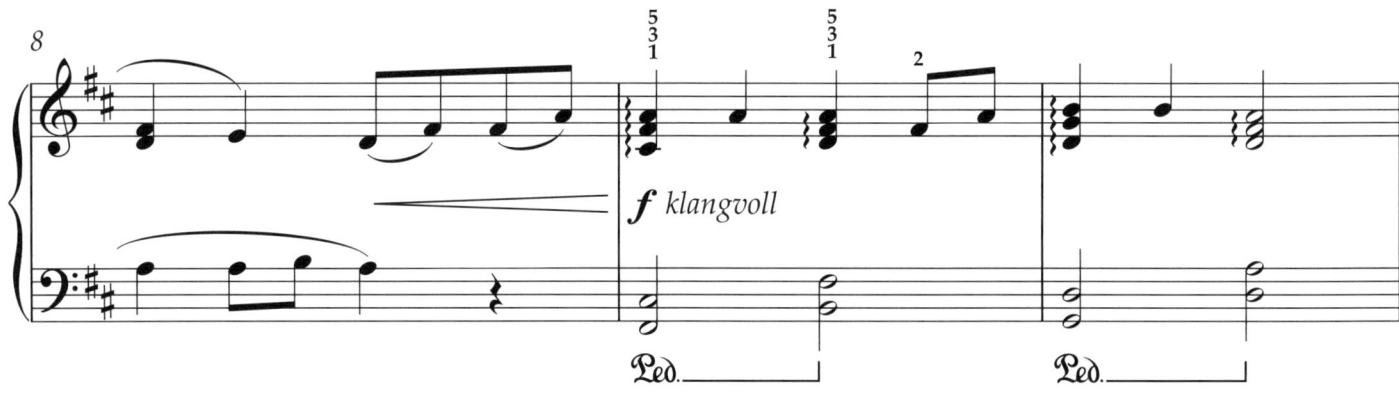

Meine Einspielung dieses Stückes ist online zu finden unter **langlangpianoacademy.com**

Embrukoi

Traditionelles afrikanisches Lied
Bearbeitet von Richard Harris

Dieses Stück basiert auf einem traditionellen Lied der afrikanischen Massai (Volksstamm).
Eine einfache, aber dramatische Musik, sofern Du die Dynamik beachtest.

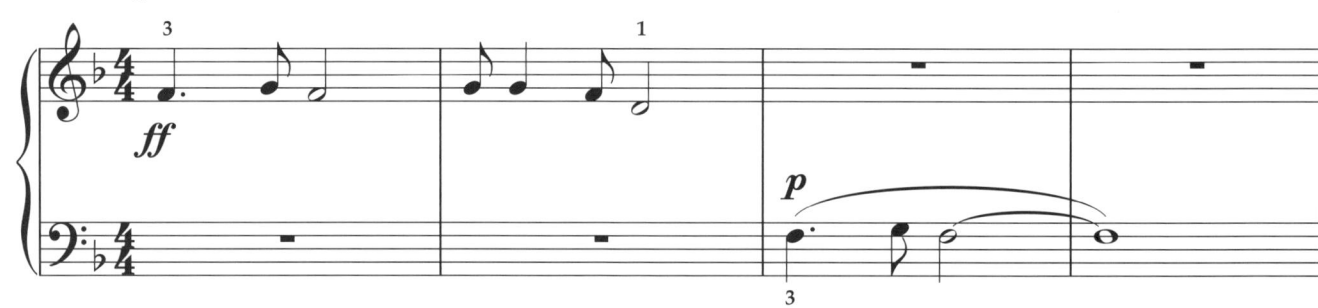

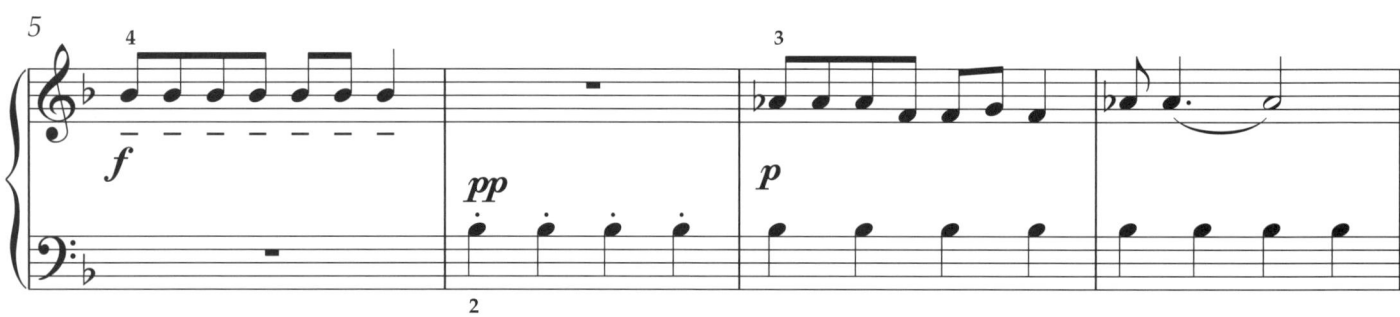

Englische Originalausgabe: © 2014 by Faber Music Ltd and Lang Lang.
All rights administered worldwide by Faber Music Ltd.
This edition © 2014 by Faber Music Ltd and Lang Lang.
All rights administered worldwide by Faber Music Ltd.
Published by Faber Music Ltd and Peters Edition Ltd, London

ISBN 978-0-571-53891-1

Übersetzung: Evmary Pfündl-Frittrang
Umschlaggestaltung und Seitenlayout: Chloë Alexander Design
Notensatz: Jeanne Roberts
Photos: Rhys Frampton
Druck: Caligraving Ltd, England
Alle Rechte vorbehalten · All rights reserved
Vervielfältigungen jeglicher Art sind gesetzlich verboten.
Any unauthorized reproduction is prohibited by law.

www.editionpeters.com
vertrieb@editionpeters.com
www.fabermusic.com
sales@fabermusic.com

Lang Lang: worldwide management - Jean-Jacques Cesbron,
CAMI Music, New York (www.camimusic.com)
Lang Lang: UK/Ireland management - Steve Abott,
Rainbow City Broadcasting Ltd (www.rainbowcity.co)

Lang Lang ist als Interpret exklusiv bei Sony Classical unter Vertrag.

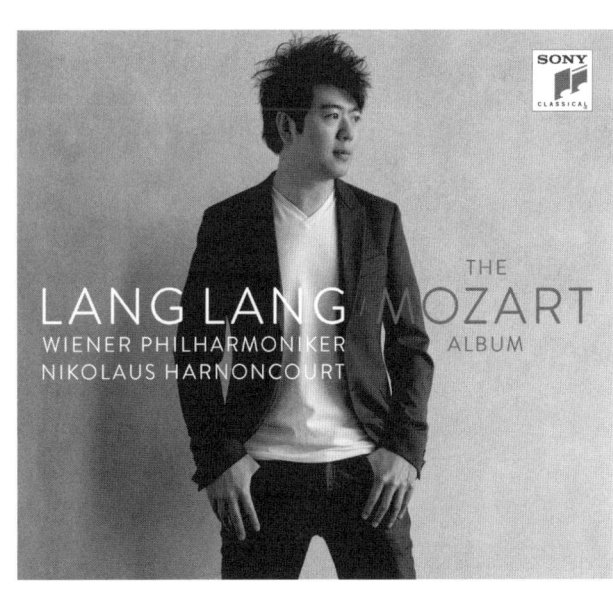

Zuletzt veröffentlichte Alben:
Lang Lang: Live in Vienna
Lang Lang: The Chopin Album
Lang Lang/Simon Rattle: Prokofiev 3 Bartók 2
Lang Lang: Liszt My Piano Hero

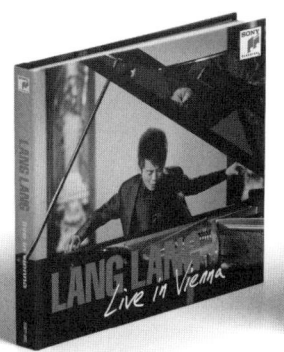   

Bravo, Du hast Level 1 vollständig durchgearbeitet!
Kennst Du schon die anderen Bände meiner Reihe?

Level 2 (leicht)
EPF2003-2 • ISBN 978-0-571-53892-8

Level 3 (leicht bis mittelschwer)
EPF2003-3 • ISBN 978-0-571-53893-5

Level 4 (mittelschwer)
EPF2003-4 • ISBN 978-0-571-53894-2

Level 5 (mittelschwer bis schwer)
EPF2003-5 • ISBN 978-0-571-53895-9

Um Ausgaben von Faber Music zu erwerben oder nähere Informationen zu unserem Katalog zu erhalten, kontaktieren Sie bitte Ihre Musikalienhandlung vor Ort oder:

Faber Music Ltd, Burnt Mill, Elizabeth Way, Harlow CM20 2HX
Tel: +44 (0) 1279 828982
Fax: +44 (0) 1279 828983
E-Mail: sales@fabermusic.com
fabermusicstore.com

C. F. Peters Ltd & Co. KG, Talstraße 10, D-04103 Leipzig
Tel.: +49 (0) 341 / 98 97 92 - 10
Fax: +49 (0) 341 / 98 97 92 - 54
E-Mail: vertrieb@editionpeters.com
www.edition-peters.de